Dieses Buch gehört:

Sonja Meierjürgen

Was unser Körper alles kann

TESSLOFF

Hallo!
Ich heiße Lucy.
Ich will später Ärztin werden.
Dann kannst du zu mir kommen,
wenn du einmal krank bist.
Weißt du eigentlich,
was unser Körper alles kann?
Wenn du willst, erzähle ich es dir!

Hast du beim Lesen
gut aufgepasst?
Dann ran ans Lesequiz!

Mach mit beim
Buchstabenrätsel!
Im Buch zeige ich dir
fünf Buchstaben.
Setze sie zusammen.
Wie heißt das Wort?
Die Lösung findest du
auf Seite 47.

Inhalt

Immer in Bewegung

Kannst du vielleicht super Fußball spielen?
Beim Dribbeln macht dir keiner was vor?
Oder kannst du besonders gut
turnen, tanzen oder Karate?
Egal was dein Lieblingssport ist:
Deine **Muskeln** kommen dabei
so richtig in Schwung.

Doch sie können noch mehr.
Lachen, schlucken, zwinkern
und sogar atmen und verdauen:
Das alles ginge nicht ohne Muskeln.

Fußball

Karate

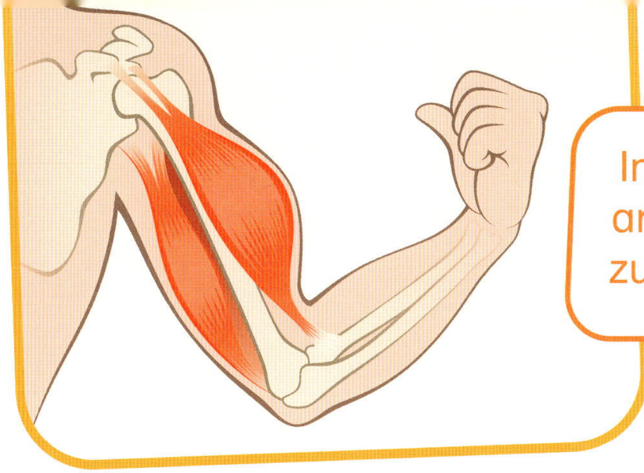

In deinem Oberarm arbeiten zwei Muskeln zusammen.

Beugen und strecken

Viele Muskeln kannst du
absichtlich bewegen.
Zum Beispiel wenn du
deinen Oberarm beugst.
Dann zieht sich der obere Muskel
im Arm zusammen.
Er heißt Bizeps.

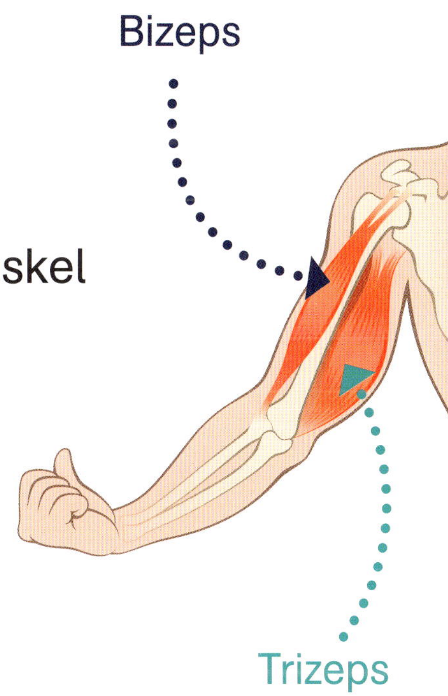

Der Bizeps kann sich nicht
von allein wieder strecken.
Er braucht dafür einen Partner.
Das ist der untere Armmuskel,
der Trizeps.
Er zieht den Bizeps auseinander.

Ganz von allein

In deinem Körper sind aber
noch mehr Muskeln am Werk.
Sie helfen den inneren Organen
bei der Arbeit.

Der Magen und der Darm
brauchen Muskeln für die Verdauung.
Auch dein Herz ist ein Muskel.
Es schlägt unermüdlich Tag und Nacht.

All diese Muskeln
arbeiten von allein.
Du kannst sie nicht steuern.

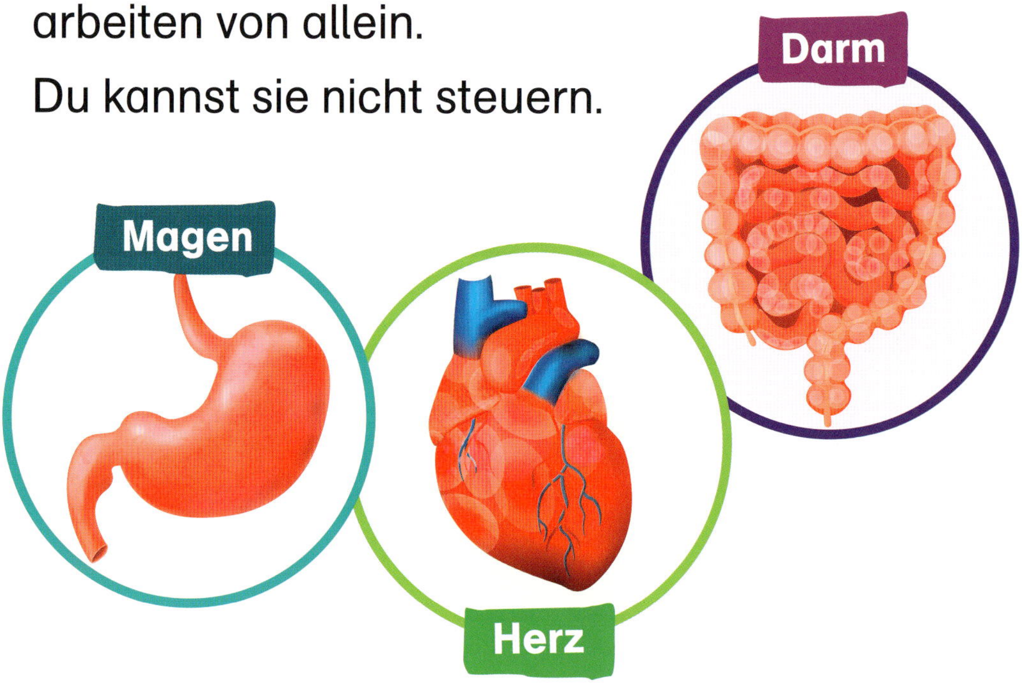

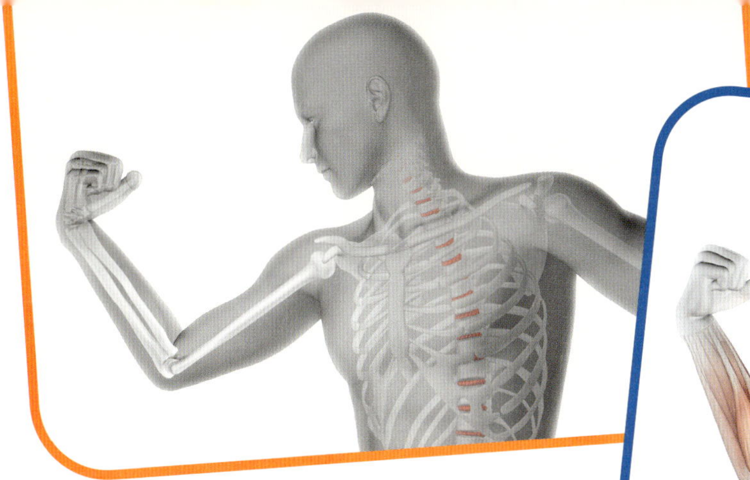

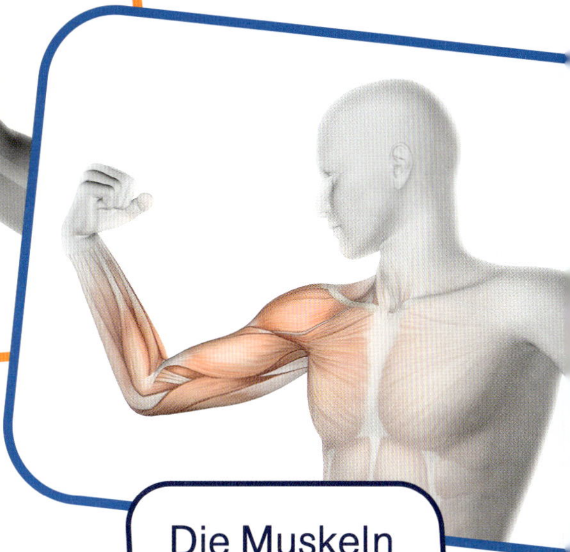

Die Muskeln umhüllen dein Skelett.

Ein gutes Team

Muskeln und Knochen
sind ein gutes Team.
Alle Knochen zusammen
bilden das **Skelett**.
Es gibt dem Körper Halt.
Ohne Skelett wären wir weich
wie ein Krake oder eine Schnecke.

Die meisten Muskeln
stützen unser Skelett.
Sie sind mit Sehnen
an den Knochen befestigt.
Ohne Muskeln könnten wir
unser Skelett nicht bewegen.

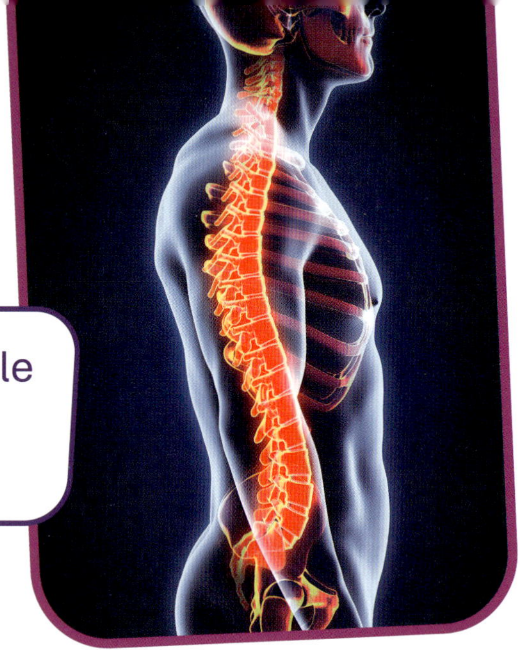

Unsere Wirbelsäule hat 33 einzelne Wirbel.

Aufrecht gehen

Die wichtigste Stütze des Skeletts
liegt in deinem Rücken.
Es ist die **Wirbelsäule**.
Sie hält deinen Körper aufrecht.

Die Wirbelsäule
ist gebogen wie ein S.
Dadurch ist sie sehr stabil.
Und gleichzeitig beweglich.
So kann sie Stöße
beim Laufen oder Hüpfen
gut abfedern.

Unser Skelett

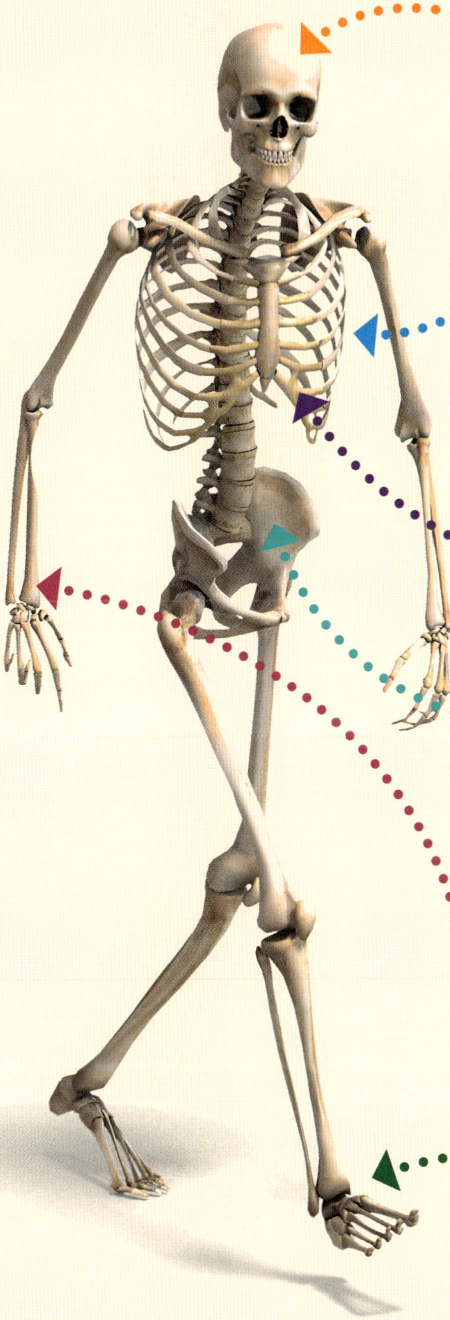

Der **Schädel** schützt das Gehirn.

Im **Brustkorb** liegen wichtige Organe wie das Herz und die Lunge.

Jeder Mensch hat zwölf **Rippenpaare**.

Das **Becken** sieht aus wie ein Schmetterling.

Im Unterarm hast du zwei Knochen: **Elle** und **Speiche**.

Durch **Gelenke** wird das Skelett beweglich.

Aha!

Unser stärkster Muskel ist nicht
im Arm oder im Oberschenkel.
Er sitzt in unserem Kiefer.
Es ist der **Kaumuskel**.
Mit knackigen Möhren
wird er ganz leicht fertig.

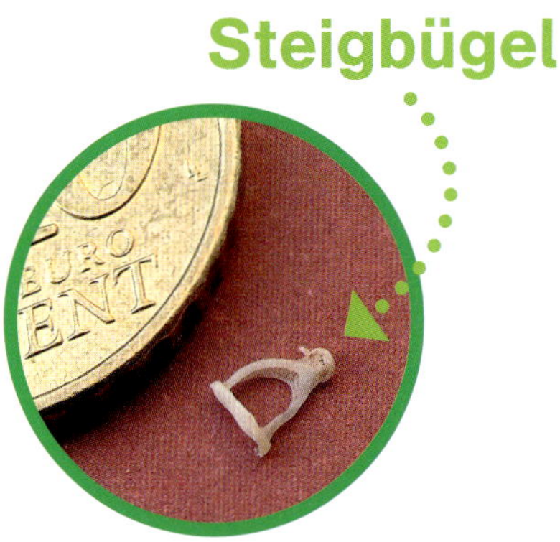

Unser kleinster Knochen
befindet sich im Ohr.
Es ist der **Steigbügel**.
Er ist sogar kleiner
als eine kleine Münze.

Als Baby haben wir etwa
350 **Knochen**.
Wenn wir erwachsen sind,
sind es nur noch etwa 200.
Die weichen Baby-Knochen
wachsen mit der Zeit zusammen.

Mein Lesequiz !?

1 **Welcher Knochen sieht aus wie ein Schmetterling?**

a) Das Becken.

b) Das Schlüsselbein.

c) Die Wirbelsäule.

Antwort a) ist richtig.

2 **Welcher Knochen sitzt nicht im Arm?**

a) Die Elle.

b) Die Speiche.

c) Der Steigbügel.

Antwort c) ist richtig.

Bauteile des Körpers

Dein Körper besteht aus
vielen einzelnen Bauteilen.
Das sind die **Organe**.
Jedes Organ hat
seine eigene Aufgabe.

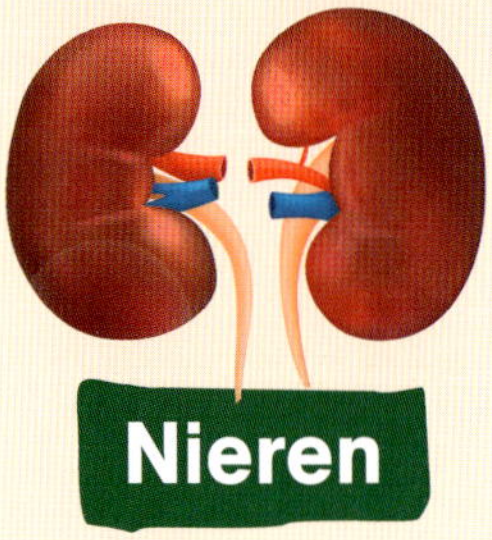

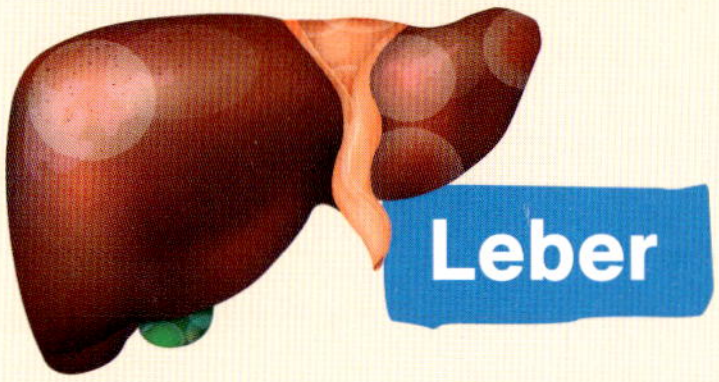

Viele Organe sind lebenswichtig.
Zum Beispiel das Herz,
das Gehirn oder die Lunge.
Auch Muskeln, Knochen
und die Haut sind Organe.

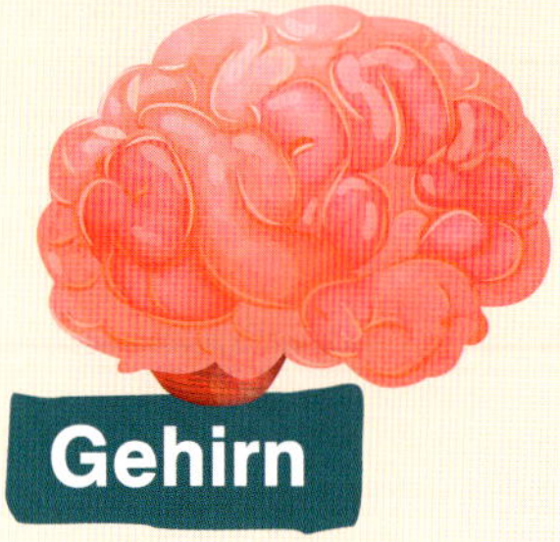

Sehen, hören, riechen,
fühlen und schmecken:
Dafür brauchst du
deine **Sinnesorgane**.

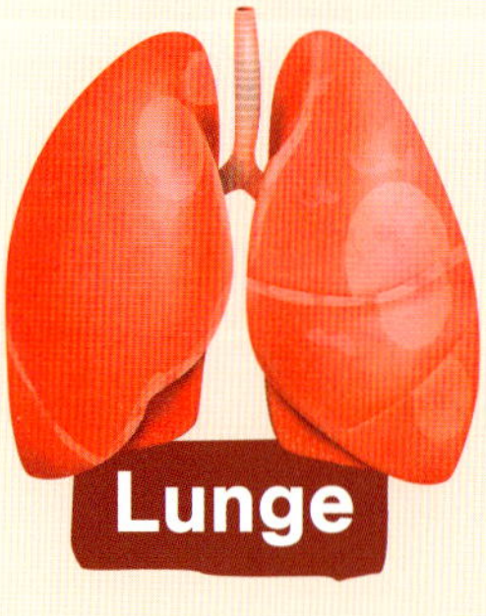

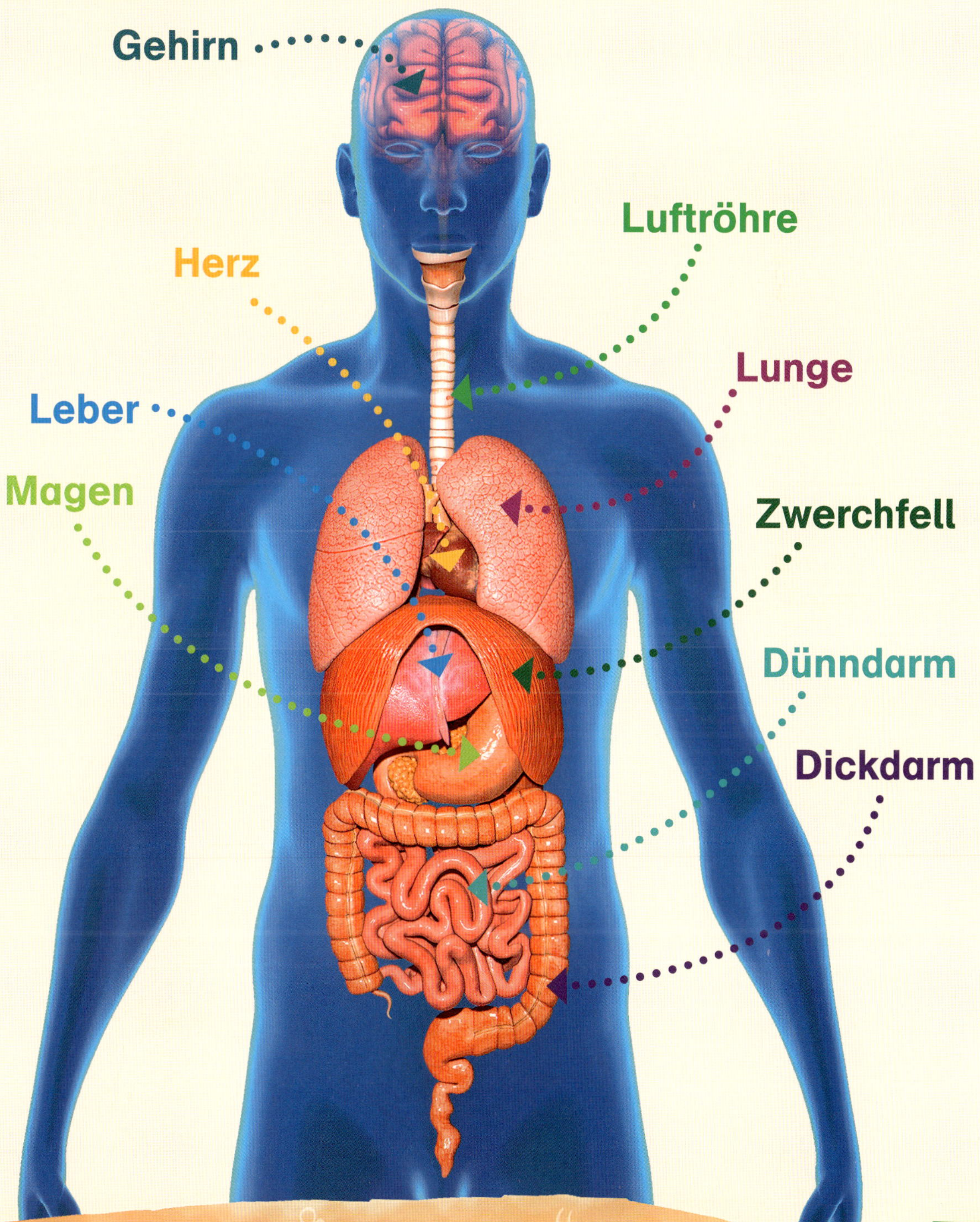
Gehirn
Luftröhre
Herz
Lunge
Leber
Magen
Zwerchfell
Dünndarm
Dickdarm

Tief Luft holen

Es ist spät in der Nacht.
Du schläfst tief und fest.
Dein Atem geht ruhig
und gleichmäßig.

Einatmen und ausatmen –
das geht ganz von selbst.
Sogar, wenn wir schlafen.
Wir atmen, ohne dass wir
etwas dafür tun müssen.

Schlafen ist sehr
wichtig für uns.
Denn der Körper
erholt sich im Schlaf.

Her mit dem Sauerstoff!

Atmen ist für uns lebenswichtig.
Denn unser Körper besteht
aus vielen winzigen Zellen.
Jede Zelle hat ihre Aufgabe –
im Gehirn, im Blut, in den Muskeln
oder in den Knochen.

Damit die Zellen arbeiten können,
brauchen sie Sauerstoff.
Der ist in der Luft, die wir einatmen.
In der Lunge wird der Sauerstoff
aus der Luft herausgefiltert.

Der Weg der Luft

Du atmest tief ein.
Die Luft strömt in die **Nase**.
Sie wandert weiter durch die **Luftröhre**.
Schließlich erreicht sie die **Lunge**.

Deine Lunge hat zwei Lungenflügel.
Darin sind viele feine Röhrchen:
die **Bronchien**.
Am Ende der Bronchien sitzen
die winzigen Lungenbläschen.
Von hier aus gelangt
der Sauerstoff ins Blut.

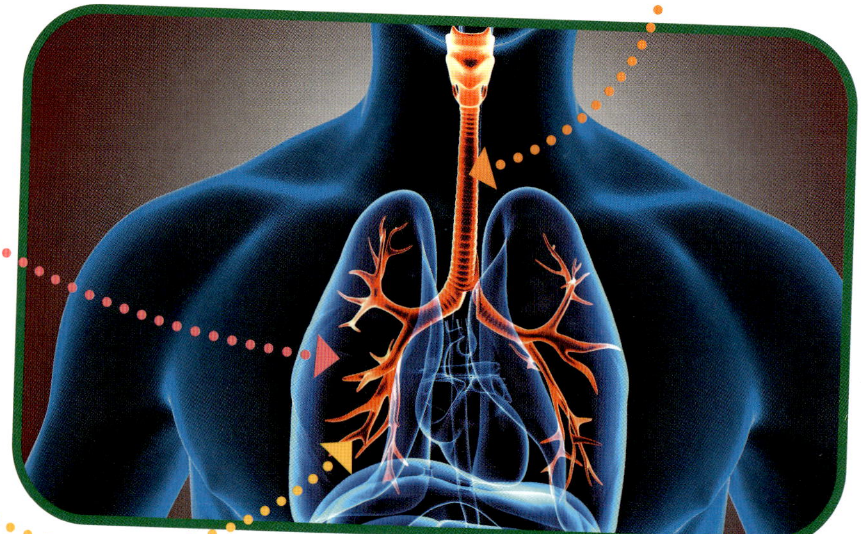

Weg damit!

Das Blut bringt den Sauerstoff
zu deinen Organen.
Dort machen sich die Zellen an die Arbeit.
Der Sauerstoff wird dabei verbraucht.
Und es entsteht Kohlendioxid,
auch CO_2 genannt.

CO_2 kann dein Körper nicht gebrauchen.
Das Blut nimmt es als Abfall mit
zurück zur Lunge.
Beim Ausatmen beförderst du es
aus dem Körper hinaus.

Zum Brennen braucht ein Feuer Sauerstoff. So ähnlich ist das auch bei deinen Zellen.

Ein Muskel liegt quer

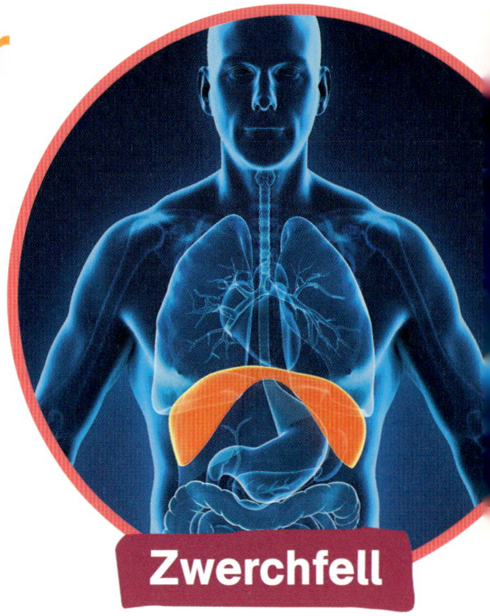

Quer unter der Lunge liegt
ein sehr wichtiger Muskel:
das **Zwerchfell**.
Es hilft dir beim Atmen.

Und das geht so:
Das Zwerchfell zieht sich zusammen.
Die Lunge dehnt sich dadurch aus.
Du atmest ein.
Beim Ausatmen ist es
genau andersherum.

Manchmal hat das Zwerchfell
einen kleinen Krampf.
Dann ist die Atmung gestört.
Du bekommst einen Schluckauf.
Luft anhalten oder Wasser trinken
könnte dagegen helfen.

Mein Lesequiz !?

1

Wie heißen die winzigen Röhrchen in der Lunge?

a) Lungenbläschen

b) Luftröhrchen

c) Bronchien

Antwort c) ist richtig.

2

Wo wird Sauerstoff verbraucht?

a) In der Lunge.

b) In den Zellen.

c) Im Zwerchfell.

Antwort b) ist richtig.

Eine starke Pumpe

Dein **Herz** ist ein starker Muskel.
Es ist etwa so groß wie eine Faust.
Gut geschützt liegt es in deiner Brust.
Ohne Pause schlägt es Tag für Tag.
Dein ganzes Leben lang.

Das muss auch so sein.
Dein Herz hat nämlich
eine wichtige Aufgabe.
Wie ein starker Motor pumpt es
das Blut durch die Adern.
So werden alle Organe gut versorgt.

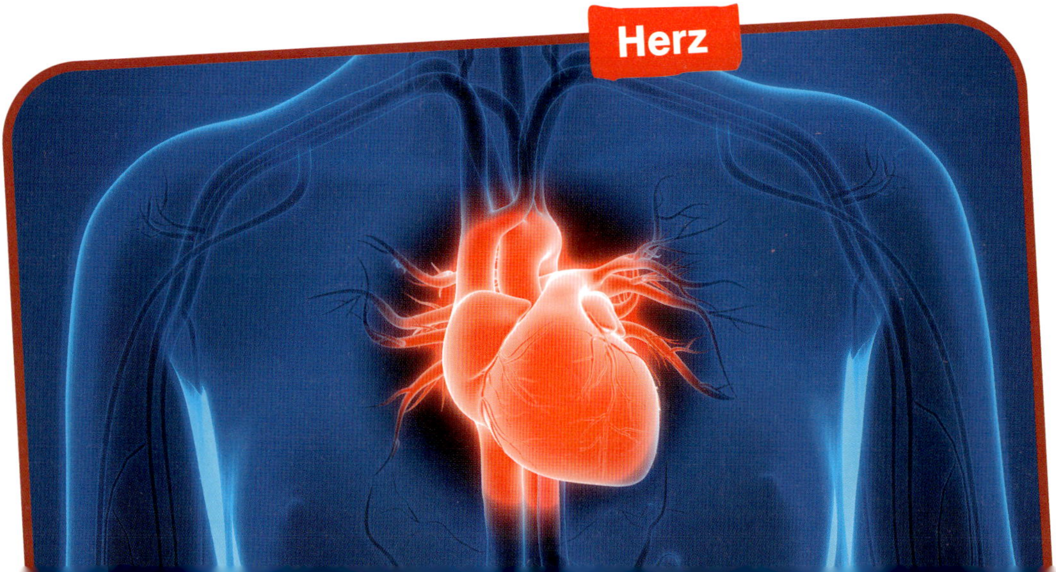

Durch deinen Körper zieht sich ein Netz aus Adern.

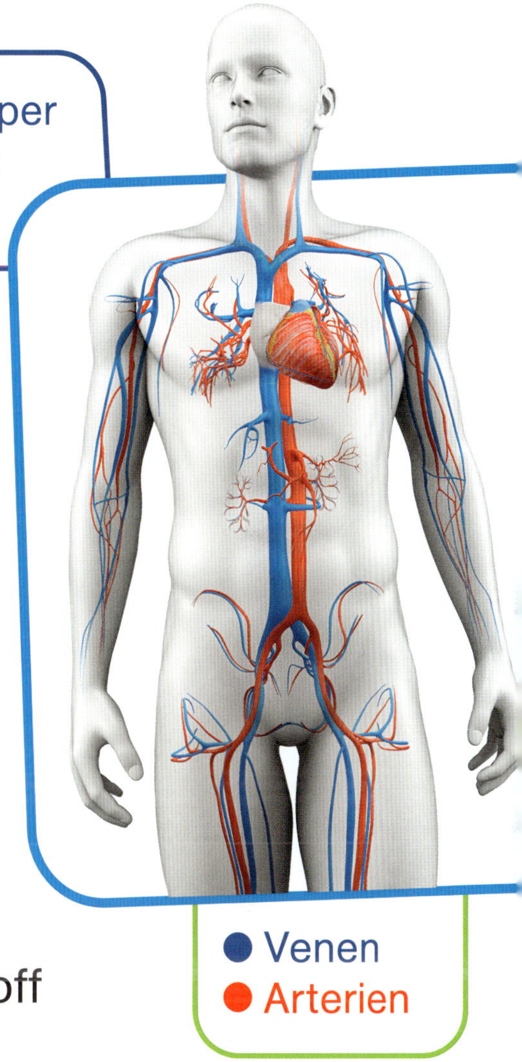

Immer im Kreis

In deinem Körper fließt
das Blut immer im Kreis.
Manche Adern leiten es
vom Herzen weg.
Das sind die **Arterien**.
Hier hat das Blut Sauerstoff
und Nährstoffe an Bord.
Es befördert alles in die Zellen.

Durch die **Venen** fließt
das sauerstoffarme Blut
wieder zurück zum Herzen.
Dann geht der Kreislauf
von vorne los.

Stelle eine Stoppuhr auf eine Minute. Zähle dann, wie oft dein Herz schlägt. So kannst du deinen Puls messen.

Fühl deinen Herzschlag

Dein Herz schlägt ungefähr 100-mal pro Minute. Bei Erwachsenen arbeitet es etwas langsamer: nur etwa 60- bis 80-mal.

Lege doch mal zwei Finger auf die Innenseite deines Handgelenks. Nun drückst du sanft zu. Spürst du den Puls? Das ist dein Herzschlag.

Mein Lesequiz !?

1 **Welcher Satz stimmt nicht?**

a) Das Herz filtert Sauerstoff.

b) Das Herz pumpt Blut durch die Adern.

c) Das Herz ist ein starker Muskel.

Antwort a) ist richtig.

2 **Durch welche Adern fließt das Blut zurück zum Herzen?**

a) Durch die Arterien.

b) Durch die Venen.

c) Das ist immer unterschiedlich.

Antwort b) ist richtig.

Unser Blut

Durch deine Adern fließen ungefähr zwei Liter **Blut**. Wenn du erwachsen bist, sind es fünf bis sechs Liter.

Das Blut besteht vor allem aus einer trüben Flüssigkeit. Sie heißt **Blutplasma**. Darin schwimmen viele winzige Teilchen.

Die **roten Blutkörperchen** kommen am häufigsten vor. Mit ihnen wird der Sauerstoff zu den Zellen befördert. Sie färben das Blut rot.

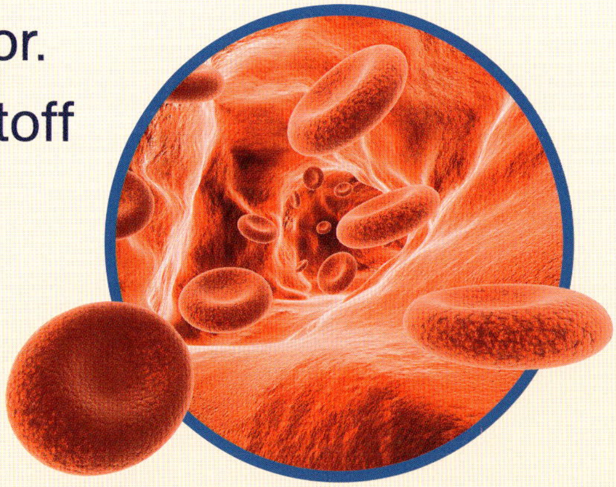

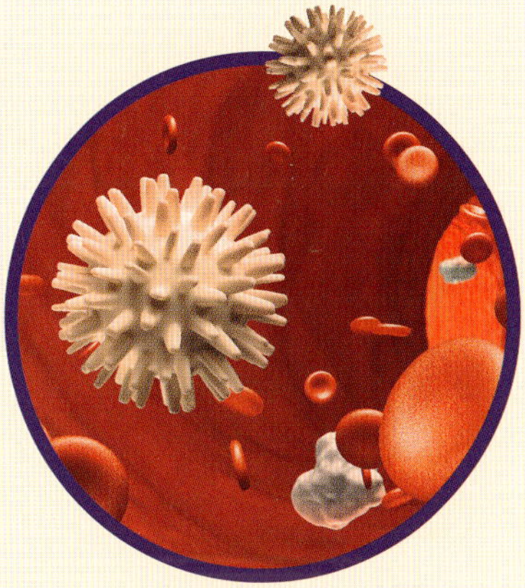

Die **weißen Blutkörperchen** sind deine Gesundheitspolizei. Sie verteidigen den Körper gegen Viren und Bakterien. Pausenlos suchen sie nach solchen fiesen Erregern. Manche futtern sie dann einfach auf.

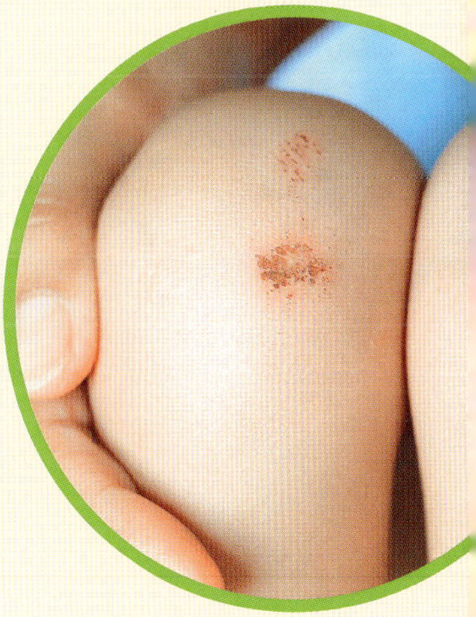

Ein blutender Finger oder ein aufgeschürftes Knie? Kein Problem für deinen Körper! Kleine Wunden repariert er selbst. Dabei helfen die **Blutplättchen**. Sie verschließen die Wunde. Es entsteht eine harte Kruste. Darunter bildet sich neue Haut.

Essen und verdauen

Bestimmt hast du ein Lieblingsessen.
Vielleicht sind es leckere Nudeln.
Oder köstliche Pfannkuchen.
Egal was du isst:
Es wandert immer auf demselben Weg
durch deinen Körper.

Endlich Pause!
Die drei lassen es sich schmecken.

Aus dem Essen
gewinnt der Körper Energie.
Was er nicht gebrauchen kann,
scheidet er wieder aus.
Zu viel Energie wird gespeichert.
Zum Beispiel in den Fettzellen.
Dann nehmen wir zu.

Bausteine im Essen

In unserer Nahrung stecken verschiedene Nährstoffe:

- **Kohlenhydrate**, z. B. in Brot, Reis oder Kartoffeln
- **Eiweiß**, z. B. in Quark, Fleisch oder Bohnen
- **gesunde Fette**, z. B. in Speiseöl oder Nüssen

Auch **Vitamine** sind wichtig für uns. Sie stecken in Gemüse und Obst.

Hast du gewusst, dass dein Körper vor allem aus **Wasser** besteht? Deshalb solltest du immer genug trinken!

Von allem etwas: So ernährst du dich am besten.

Kräftig zubeißen

Du beißt in einen knackigen Apfel.
Dann fängst du an zu kauen.
Deine **Zähne** zerkleinern das Essen.
Damit beginnt die Verdauung.

Im Mund wird das Essen
mit **Speichel** vermischt.
Winzige Stoffe darin beginnen,
die Nahrung zu zerlegen.

Deine Zähne leisten
tolle Arbeit.
Darum solltest du
sie gut putzen.

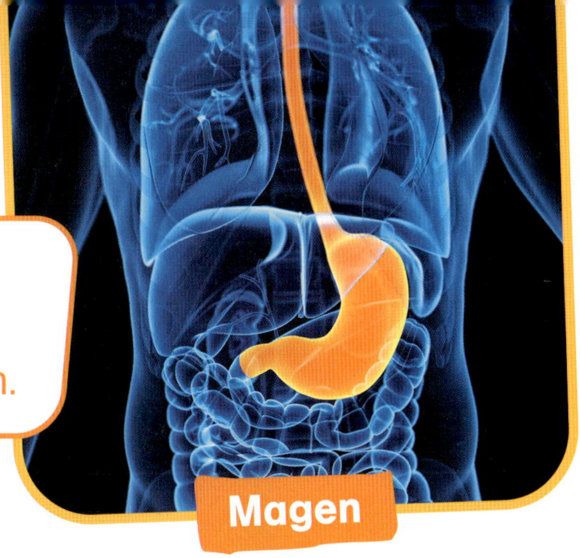

Direkt unter dem Zwerchfell liegt dein Magen.

Bitte einmal durchkneten!

Die zerkaute Nahrung
schluckst du jetzt runter.
Sie rutscht durch die **Speiseröhre**
weiter in den **Magen**.
Hier wird alles
kräftig durchgeknetet.
Das übernehmen die Muskeln
in der Magenwand.

Außerdem macht sich nun
die Magensäure an die Arbeit.
Sie zersetzt die Nahrung
und tötet Bakterien ab.

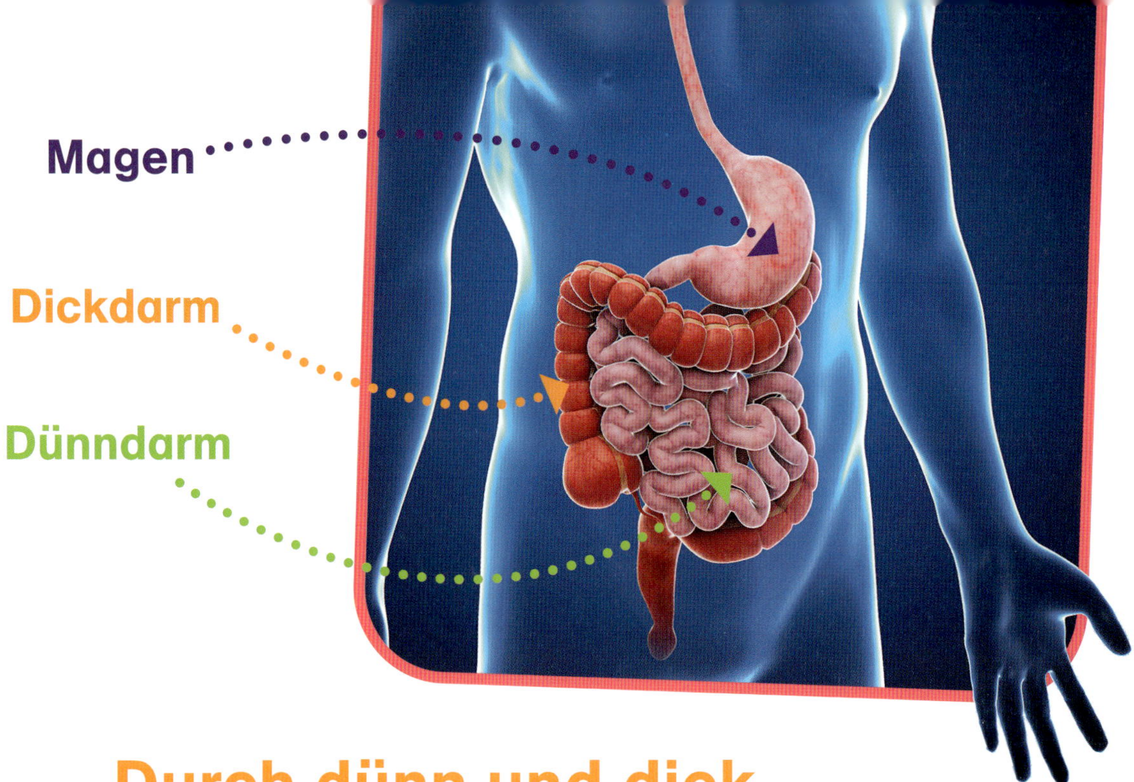

Durch dünn und dick

Der Magen ist nun fertig.
Jetzt kommt der **Darm** ins Spiel.
Im **Dünndarm** wird alles
in einzelne Nährstoffe zerlegt.
Durch die Dünndarm-Wand
wandern sie ins Blut.

Der **Dickdarm** zieht noch
das Wasser aus dem Rest heraus.
Übrig bleibt eine dicke
braune Masse – der Kot.

Mein Lesequiz

1 **Wo wird die Nahrung mit Säure zersetzt?**

a) In der Speiseröhre.

b) Im Mund.

c) Im Magen.

Antwort c) ist richtig.

2 **Wo wandern die Nährstoffe ins Blut?**

a) Durch die Magenwand.

b) Durch die Dünndarm-Wand.

c) Durch die Dickdarm-Wand.

Antwort b) ist richtig.

Was machen die Nieren?

Ohne **Nieren** könnten wir nicht leben.
Denn sie haben eine wichtige Aufgabe:
Sie reinigen unser Blut.
Dabei filtern sie giftige Stoffe
oder tote Zellen heraus.
Sie ziehen auch Wasser aus dem Blut,
wenn das nötig ist.

Die linke Niere
sitzt etwas höher
als die rechte.

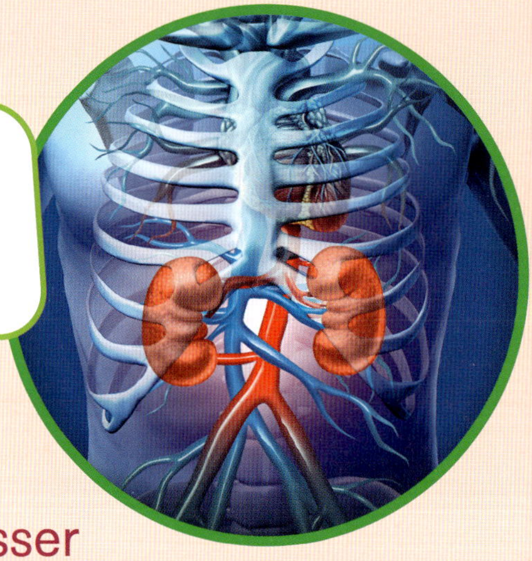

Aus Abfallstoffen und Wasser
stellen die Nieren Urin her.
Er fließt über die Harnleiter
in die Blase.
Wenn sie voll ist,
musst du auf die Toilette.

Was macht die Leber?

Die **Leber** kann viele tolle Dinge.
Sie nimmt schädliche Giftstoffe auf.
Und wandelt sie in ungiftige Stoffe um.
Aus Nährstoffen macht sie
wichtige Bausteine für den Körper.
Fast wie eine kleine Fabrik.

Die Leber lagert auch Nährstoffe ein.
Die gibt sie später an die Zellen weiter.
Aber erst, wenn sie gebraucht werden.
Bei einer Verletzung kann sie sogar
von selbst wieder nachwachsen.
Super, oder?

Die Leber ist unser größtes inneres Organ.

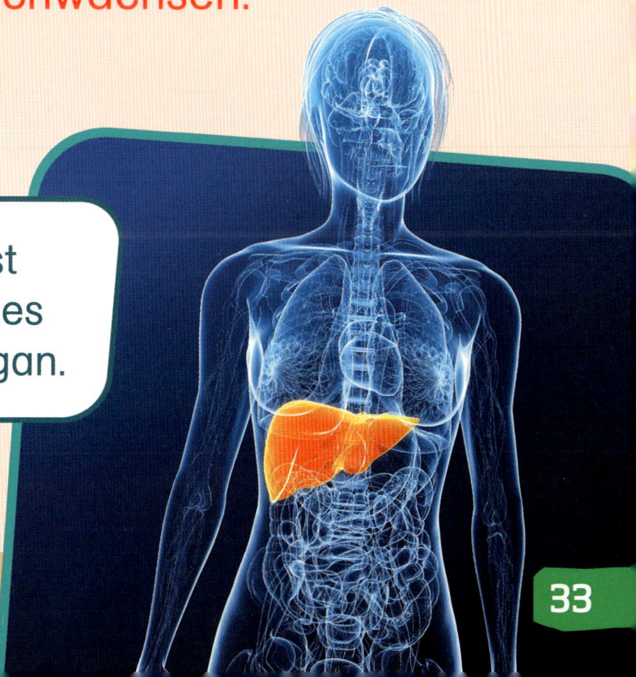

Ein Computer im Kopf

Dein **Gehirn** ist ein Wunder der Natur.
Es arbeitet wie ein Supercomputer.
Egal was dein Körper macht:
Ohne Gehirn geht gar nichts!

So ist unser Gehirn aufgebaut:

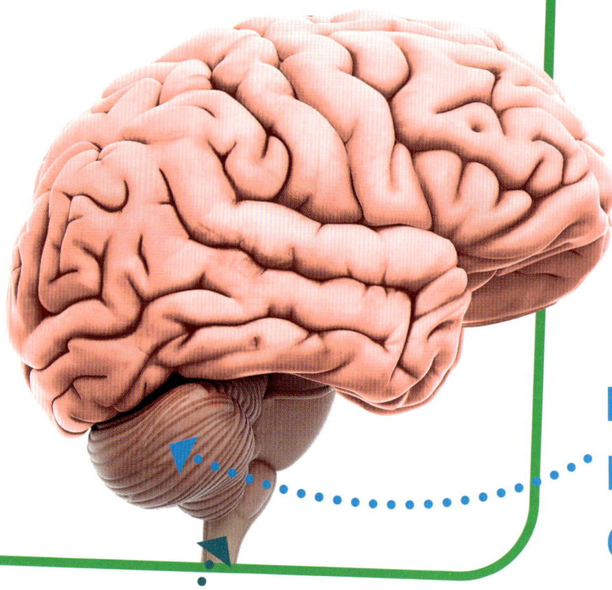

Großhirn
denken, fühlen, handeln, lernen

Kleinhirn
Muskeln bewegen, Gleichgewicht halten

Hirnstamm
Herzschlag, atmen, schlafen, verdauen

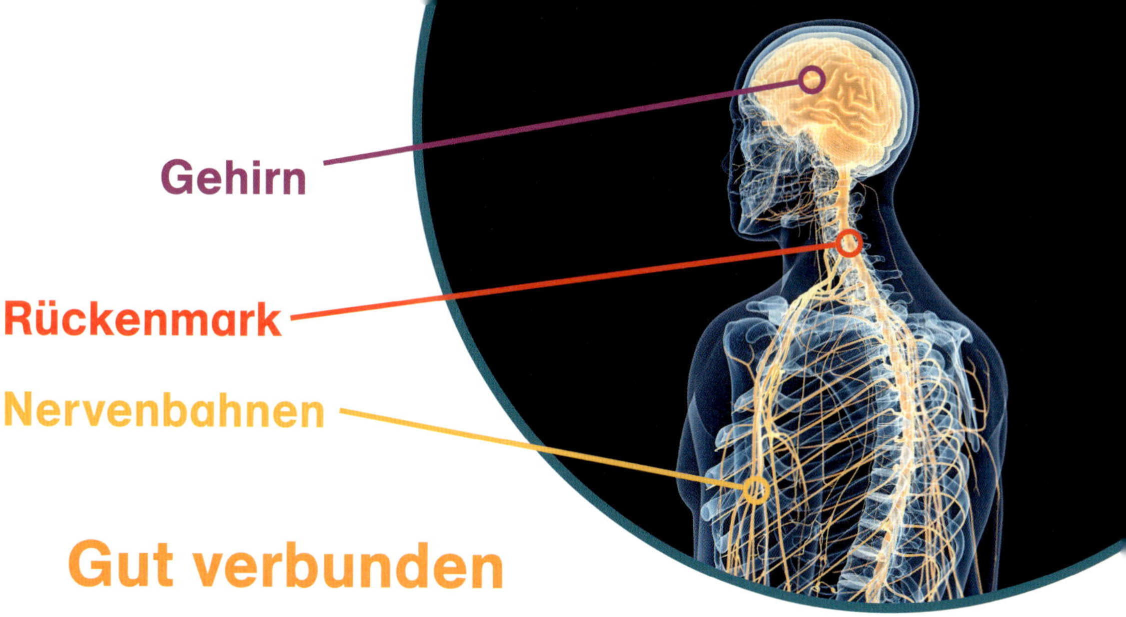

Gut verbunden

Das Gehirn ist dein Kontrollzentrum.
Es übernimmt das Kommando
über alle Körperteile.
Damit das gut klappt,
braucht es eine Verbindung
zu den Organen.
Diese Verbindung sind die **Nerven**.

Der dickste Nervenstrang
läuft durch deine Wirbelsäule.
Es ist das **Rückenmark**.
Von dort führen viele Nervenbahnen
in jeden Winkel deines Körpers.

Der Torwart muss blitzschnell handeln. Auch dies steuert das Gehirn.

Hin und her

Beim Sport fliegt ein Ball auf dich zu.
Gleich trifft er dich – direkt auf die Nase!
Deine Augen melden ans Gehirn:
„Achtung! Ball im Anflug!"

Der Reiz erreicht dein Gehirn.
Blitzschnell wird er verarbeitet.
Die Kommandozentrale befiehlt:
„Sofort den Kopf einziehen!"
Puh, gerade noch mal gut gegangen!

So gehen alle Informationen
zwischen Gehirn und Körper
ständig hin und her.

Mein Lesequiz

1 **Wo verläuft das Rückenmark?**

a) Durch den ganzen Rücken.

b) Durch die Wirbelsäule.

c) Vom Gehirn bis in den kleinen Zeh.

Antwort b) ist richtig.

2 **Was regelt das Kleinhirn?**

a) Das Gleichgewicht.

b) Das Denken und das Lernen.

c) Das Atmen und Verdauen.

Antwort a) ist richtig.

Mit allen Sinnen

Ein Gewitter zieht auf.
Du **siehst** helle Blitze am Himmel.
Schon bald **hörst** du den Donner grollen.
Die Regentropfen **spürst** du auf der Haut.
Du **schmeckst** sie auch auf der Zunge.
Die Luft **riecht** so gut
nach einem Sommerregen.

Deine fünf Sinne sind wie Tore zur Welt.
Sie nehmen Bilder, Düfte
oder Geräusche wahr.
All dies kommt im Gehirn an.
Jede Sekunde muss es
Millionen Reize verarbeiten.

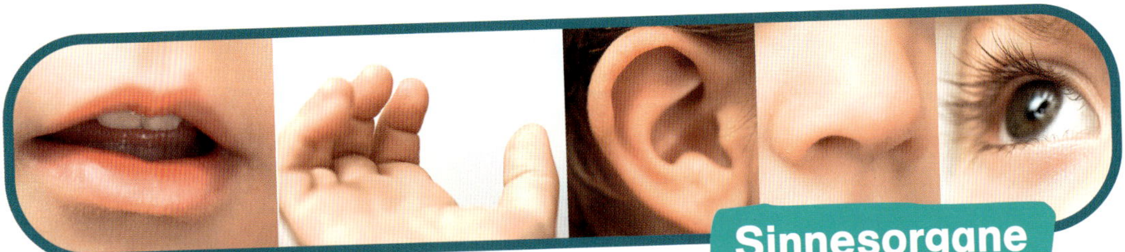

Sinnesorgane

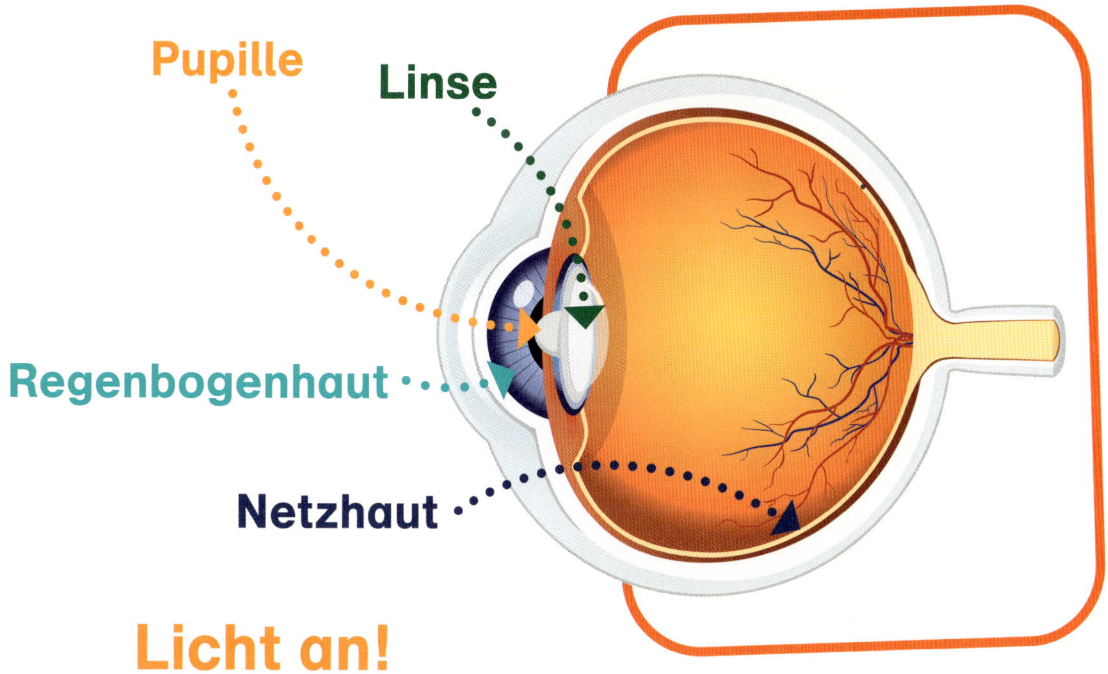

Licht an!

Unsere **Augen** brauchen Licht,
damit wir sehen können.
Durch ein rundes Loch
gelangt das Licht ins Auge.
Das ist die **Pupille**.

Dahinter liegt die **Linse**.
Sie leitet das Licht
auf die **Netzhaut** weiter.
Dort liegen viele kleine **Sehzellen**.
Sie geben das, was du siehst,
ans Gehirn weiter.

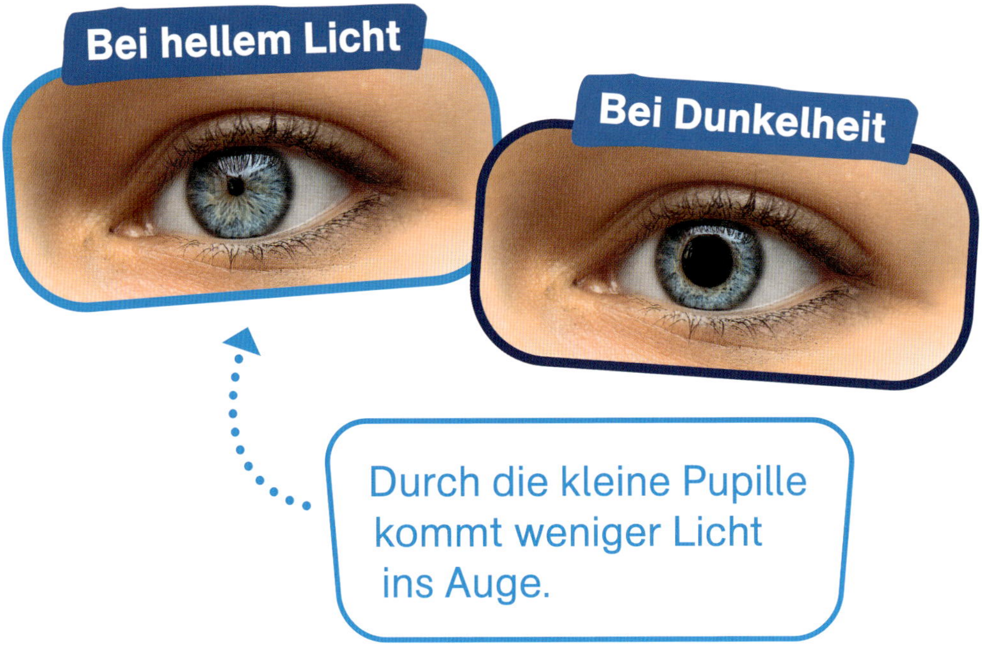

Schau mir in die Augen!

Braune Augen, blaue oder grüne?
Welche Augenfarbe hast du?
Das ist in deiner **Iris** festgelegt.
Sie heißt auch **Regenbogenhaut**.

Die Iris ist ein Muskel.
Sie liegt rund um die Pupille
Dort bestimmt sie,
wie viel Licht ins Auge fallen darf.
Denn die Augen brauchen zwar Licht.
Sie sind aber auch sehr empfindlich.

Hörst du mich?

Deine **Ohren** sind immer auf Empfang.
Tag und Nacht fangen die **Ohrmuscheln**
alle möglichen Töne ein.

Bei einem Geräusch ist die Luft
um uns herum in Bewegung.
So entstehen Schallwellen.
Im Ohr treffen sie auf das **Trommelfell**.
Das ist eine dünne, straff gespannte Haut.

Das Trommelfell beginnt zu schwingen.
Die Schwingungen wandern zum Gehirn.
Dort nimmst du sie als Töne wahr.
Genial, oder?

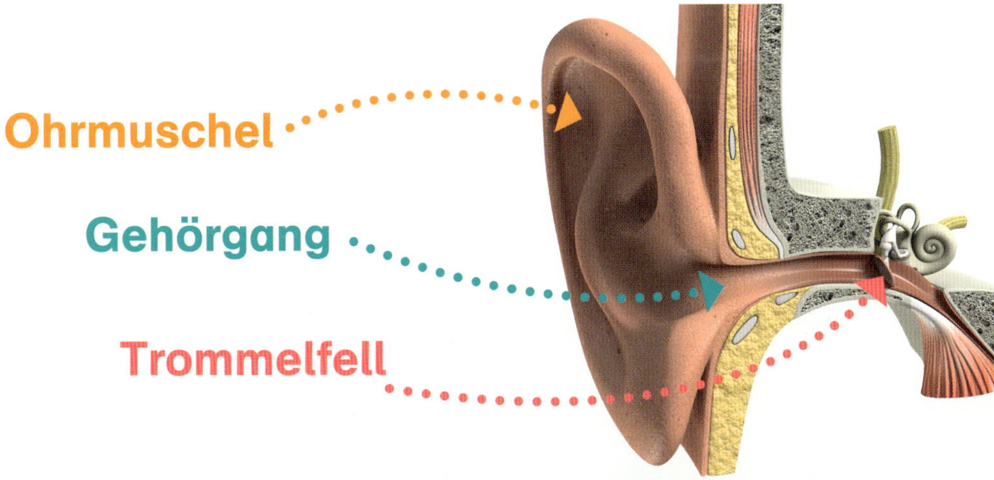

Deine Haut ist nur ein paar Millimeter dick.

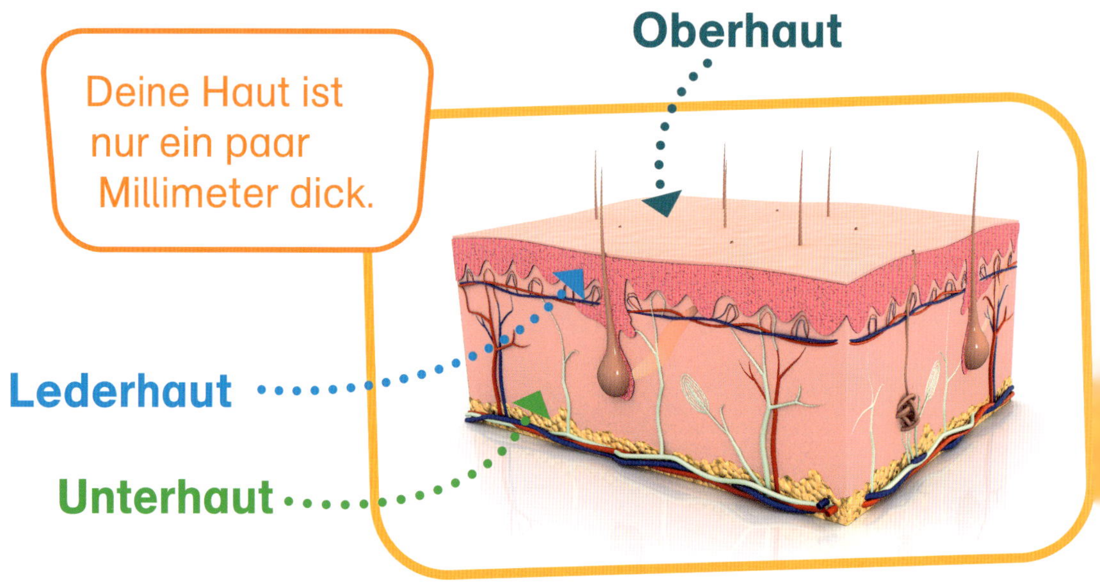

Der Schutzmantel

Wärme, Kälte, Schmerz
oder sanftes Streicheln:
Das alles fühlst du über deine Haut.
Denn in der Haut liegen
viele kleine Tastzellen.
Sie nehmen alle Reize auf.

Die Haut ist dein größtes Organ.
Sie umhüllt dich wie ein Mantel.
So schützt sie deinen Körper.
Schmutz, Wasser oder Bakterien
können nicht eindringen.

Jede Haut ist anders

Hast du gewusst,
dass dunkle Haut besser
vor Sonne schützt als helle?

Hell oder dunkel –
das legt ein bestimmter Stoff
in deiner Haut fest.
Er heißt Melanin.
Je mehr Melanin sich dort bildet,
desto dunkler ist die Haut.

Schule aus – hurra!

Schmeckt gut, riecht gut!

Süße Erdbeeren oder der Duft einer Rose:
Riechen und Schmecken lösen oft
schöne Gefühle bei uns aus.
In der Nase und auf der Zunge
haben wir viele Sinneszellen.
Von dort gehen die Reize
über die Nerven ins Gehirn.

Riechen und Schmecken
gehören ganz eng zusammen.
Das merkst du,
wenn du erkältet bist.
Ist deine Nase verstopft,
kannst du weniger schmecken.

Süße Früchte mögen
fast alle Leute gern.
Das war schon bei
unseren Vorfahren so.

Mein Lesequiz !?

1 Was ist die Iris?

a) Eine Tastzelle in der Haut.

b) Ein winziger Knochen im Ohr.

c) Ein farbiger Muskel im Auge.

Antwort c) ist richtig.

2 Wie heißt eine feine Haut im Ohr?

a) Das ist die Regenbogenhaut.

b) Das ist das Trommelfell.

c) Das ist die Trommelhaut.

Antwort b) ist richtig.

Mein großes Lesequiz

1 **Welcher Muskel hilft dir beim Atmen?**

a) Die Lunge.

b) Das Herz.

c) Das Zwerchfell.

Antwort c) ist richtig.

2 **Was können rote Blutkörperchen nicht?**

a) Sie transportieren Sauerstoff.

b) Sie kämpfen gegen Viren.

c) Sie färben das Blut rot.

Antwort b) ist richtig.

3 **Welche Nährstoffe braucht der Körper?**

a) Er braucht nur Kohlenhydrate.

b) Er braucht nur Eiweiß.

c) Er braucht von allem etwas.

Antwort c) ist richtig.

4 **Welches Organ arbeitet wie eine kleine Fabrik?**

a) Das ist die Leber.

b) Das ist das Gehirn.

c) Das sind die Muskeln.

Antwort a) ist richtig.

Buchstabenrätsel

Das gesuchte Wort lautet **Augen**.

Bildquellennachweis

Adobe Stock: 26mr (Тарас Нагирняк); **Archiv Tessloff:** 9o, 9u, 11Hg., 11or, 12-13o, 12-13u, 19Hg., 19or, 23Hg., 23or, 24-25o, 24-25u, 31Hg., 31or, 32-33o, 32-33u, 37Hg., 37or, 45Hg., 45or, 48Hg.; **Shutterstock:** 4ul (Africa Studio), 4ur (BearFotos), 5ol (Skalapendra), 5mr (Skalapendra), 6ul (Macrovector), 6um (Macrovector), 6ur (Macrovector), 7ol (Kjpargeter), 7or (Kjpargeter), 8or (Nerthuz), 9l (Ralf Juergen Kraft), 10or (Sergiy Bykhunenko), 10ur (fizkes), 12or (Macrovector), 12om (Macrovector), 12mr (Macrovector), 12ur (Macrovector), 13m (sciencepics), 14u (fizkes), 15o (Denis Moskvinov), 16u (Life science), 17ur (alexgo.photography), 18or (Nerthuz), 20u (Magic mine), 21or (SciePro), 22or (New Africa), 24or (supergalactic), 24ml (supergalactic), 24ur (Tatiana Shepeleva), 25ol (Yurchanka Siarhei), 25mr (GOLFX), 27u (Alexander Raths), 28u (Lopolo), 29o (SciePro), 30o (SciePro), 32mr (Lightspring), 33ur (SciePro), 34ml (SciePro), 35or (SciePro), 36ol (Fotokostic), 38u (fredredhat), 39or (solar22), 40o (sruilk), 41ur (Jaroma), 42o (Jaroma), 43u (Monkey Business Images), 44u (Evgeny Atamanenko); **Wikipedia:** 10mr (CC BY-SA 3.0/ Welleschik)

Umschlagfotos: Archiv Tessloff: U1Hg., U4Hg.; **Shutterstock**: U1ur (Petr Bonek), U4ml (SciePro)

Text: Sonja Meierjürgen
Illustrationen: Annelie Stenzel
Bildredaktion: Katja Filler
Gestaltung: Annelie Stenzel

ISBN 978-3-7886-7731-2

FSC www.fsc.org MIX Papier | Fördert gute Waldnutzung FSC® C002795

WAS IST WAS
Erstes
LESEN
easy!
Entdecke die Bäume
ORIGINAL
TESSLOFF

WAS IST WAS
Erstes
LESEN
easy!
Tiere im Meer
ORIGINAL
TESSLOFF

WAS IST WAS
Erstes
LESEN
easy!
Wie lebt die Honigbiene?
ORIGINAL
TESSLOFF

WAS IST WAS
Erstes
LESEN
easy!
Entdecke den Weltraum
ORIGINAL
TESSLOFF

WAS IST WAS
Erstes
LESEN
easy!
Wie leben die Delfine?
ORIGINAL
TESSLOFF

WAS IST WAS
Erstes
LESEN
easy!
Komm mit zu den Pferden
ORIGINAL
TESSLOFF

WAS IST WAS
Erstes
LESEN
easy!
Wie leben unsere Vögel?
ORIGINAL
TESSLOFF

WAS IST WAS
Erstes
LESEN
easy!
Tiere in Schnee und Eis
ORIGINAL
TESSLOFF

WAS IST WAS
Erstes
LESEN
easy!
Hunde - meine Lieblingstiere
ORIGINAL
TESSLOFF